FÚTBOL
Diario

NOMBRE _____

TEMPORADA AÑO _____

NOMBRE DEL EQUIPO

_____

©The Life Graduate Publishing Group

Ninguna parte de este libro puede escanearse, reproducirse o distribuirse en forma impresa o electrónica sin el permiso previo del autor o editor

FÚTBOL Diario SECCIONES

01 Metas de temporada

Escribe tus 3 objetivos de temporada principales

02 Cuaderno de entrenamiento y juego

Grabe sus sesiones de entrenamiento y detalles del juego

03 Notas de temporada

Escriba más detalles de su temporada para mantener un registro para referencia futura

04 Autógrafos y fotos

Reúna los autógrafos de los miembros del equipo, entrenadores y jugadores famosos

01
METAS DE TEMPORADA

01
METAS DE TEMPORADA

GOAL 1 ....
....
....

GOAL 2 ....
....
....

GOAL 3 ....
....
....

-fútbol-

02
CUADERNO DE ENTRENAMIENTO Y JUEGO

FORMACIÓN

Fecha: / / **Hora de inicio** :

Hora de finalización :

Habilidades completadas
Escriba las habilidades en las que trabajó y desarrolló durante sus sesiones de entrenamiento

....
....
....
....

Habilidades para mejorar
Escriba las áreas en las que puede mejorar para su próxima sesión de entrenamiento

....
....
....
....

Entrenador / Enfoque de equipo
Escriba si su entrenador o equipo tiene una habilidad o enfoque en el juego en el que está trabajando

....
....

Notas adicionales
¿Hay notas o pensamientos adicionales que le gustaría escribir?

....
....
....

DÍA DE JUEGO

Fecha: / /   **Hora de inicio** :

Ubicación: ....

Partido en casa   ○   **Juego de visitante**   ○

Detalles del juego

.... **Vs** ....

Resultado del juego

Nuestra puntuación   **Puntaje de oposición**

Comentarios del entrenador

....
....
....

Mi Rendimiento   Escriba cómo sintió que contribuyó al juego. ¿El entrenador le proporcionó algún comentario personal? ¿Tuviste algo destacado? ¿Tuviste áreas de mejora?

....
....
....
....
....

FORMACIÓN

Fecha: / / **Hora de inicio** :

Hora de finalización :

Habilidades completadas

Escriba las habilidades en las que trabajó y desarrolló durante sus sesiones de entrenamiento

....
....
....
....

Habilidades para mejorar

Escriba las áreas en las que puede mejorar para su próxima sesión de entrenamiento

....
....
....
....

Entrenador / Enfoque de equipo

Escriba si su entrenador o equipo tiene una habilidad o enfoque en el juego en el que está trabajando

....
....

Notas adicionales

¿Hay notas o pensamientos adicionales que le gustaría escribir?

....
....
....

DÍA DE JUEGO ⚽

Fecha: / /   **Hora de inicio** :

Ubicación: ....

Partido en casa   **Juego de visitante**

Detalles del juego

.... **Vs** ....

Resultado del juego

Nuestra puntuación   Puntaje de oposición

Comentarios del entrenador

....
....
....

Mi Rendimiento   Escriba cómo sintió que contribuyó al juego. ¿El entrenador le proporcionó algún comentario personal? ¿Tuviste algo destacado? ¿Tuviste áreas de mejora?

....
....
....
....
....

FORMACIÓN

Fecha: / /   **Hora de inicio** :

Hora de finalización :

Habilidades completadas

Escriba las habilidades en las que trabajó y desarrolló durante sus sesiones de entrenamiento

....
....
....
....

Habilidades para mejorar

Escriba las áreas en las que puede mejorar para su próxima sesión de entrenamiento

....
....
....
....

Entrenador / Enfoque de equipo

Escriba si su entrenador o equipo tiene una habilidad o enfoque en el juego en el que está trabajando

....
....

Notas adicionales

¿Hay notas o pensamientos adicionales que le gustaría escribir?

....
....
....

DÍA DE JUEGO ⚽

Fecha: / /   **Hora de inicio** :

Ubicación: ....

Partido en casa   **Juego de visitante**

Detalles del juego

.... **Vs** ....

Resultado del juego

Nuestra puntuación   Puntaje de oposición

Comentarios del entrenador

....
....
....

Mi Rendimiento   Escriba cómo sintió que contribuyó al juego. ¿El entrenador le proporcionó algún comentario personal? ¿Tuviste algo destacado? ¿Tuviste áreas de mejora?

....
....
....
....
....

FORMACIÓN

Fecha: / / **Hora de inicio** :

Hora de finalización :

Habilidades completadas

Escriba las habilidades en las que trabajó y desarrolló durante sus sesiones de entrenamiento

....
....
....
....

Habilidades para mejorar

Escriba las áreas en las que puede mejorar para su próxima sesión de entrenamiento

....
....
....
....

Entrenador / Enfoque de equipo

Escriba si su entrenador o equipo tiene una habilidad o enfoque en el juego en el que está trabajando

....
....

Notas adicionales

¿Hay notas o pensamientos adicionales que le gustaría escribir?

....
....
....

DÍA DE JUEGO

Fecha: / /   **Hora de inicio** :

Ubicación: ....

Partido en casa   **Juego de visitante**

Detalles del juego

.... **Vs** ....

Resultado del juego

Nuestra puntuación   Puntaje de oposición

Comentarios del entrenador

....
....
....

Mi Rendimiento   Escriba cómo sintió que contribuyó al juego. ¿El entrenador le proporcionó algún comentario personal? ¿Tuviste algo destacado? ¿Tuviste áreas de mejora?

....
....
....
....
....

FORMACIÓN

Fecha: / / **Hora de inicio** :

Hora de finalización :

Habilidades completadas

Escriba las habilidades en las que trabajó y desarrolló durante sus sesiones de entrenamiento

....
....
....
....

Habilidades para mejorar

Escriba las áreas en las que puede mejorar para su próxima sesión de entrenamiento

....
....
....
....

Entrenador / Enfoque de equipo

Escriba si su entrenador o equipo tiene una habilidad o enfoque en el juego en el que está trabajando

....
....

Notas adicionales

¿Hay notas o pensamientos adicionales que le gustaría escribir?

....
....
....

DÍA DE JUEGO ⚽

Fecha: / /   **Hora de inicio** :

Ubicación: ....

Partido en casa   **Juego de visitante**

Detalles del juego

.... **Vs** ....

Resultado del juego

Nuestra puntuación Puntaje de oposición

Comentarios del entrenador

....
....
....

Mi Rendimiento Escriba cómo sintió que contribuyó al juego. ¿El entrenador le proporcionó algún comentario personal? ¿Tuviste algo destacado? ¿Tuviste áreas de mejora?

....
....
....
....
....

FORMACIÓN

Fecha: / / **Hora de inicio** :

Hora de finalización :

Habilidades completadas

Escriba las habilidades en las que trabajó y desarrolló durante sus sesiones de entrenamiento

....
....
....
....

Habilidades para mejorar

Escriba las áreas en las que puede mejorar para su próxima sesión de entrenamiento

....
....
....
....

Entrenador / Enfoque de equipo

Escriba si su entrenador o equipo tiene una habilidad o enfoque en el juego en el que está trabajando

....
....

Notas adicionales

¿Hay notas o pensamientos adicionales que le gustaría escribir?

....
....
....

DÍA DE JUEGO

Fecha: / / **Hora de inicio** :

Ubicación: ....

Partido en casa   **Juego de visitante**

Detalles del juego

.... **Vs** ....

Resultado del juego

Nuestra puntuación   Puntaje de oposición

Comentarios del entrenador

....
....
....

Mi Rendimiento Escriba cómo sintió que contribuyó al juego. ¿El entrenador le proporcionó algún comentario personal? ¿Tuviste algo destacado? ¿Tuviste áreas de mejora?

....
....
....
....
....

FORMACIÓN

Fecha: / / **Hora de inicio** :

Hora de finalización :

Habilidades completadas

Escriba las habilidades en las que trabajó y desarrolló durante sus sesiones de entrenamiento

....
....
....
....

Habilidades para mejorar

Escriba las áreas en las que puede mejorar para su próxima sesión de entrenamiento

....
....
....
....

Entrenador / Enfoque de equipo

Escriba si su entrenador o equipo tiene una habilidad o enfoque en el juego en el que está trabajando

....
....

Notas adicionales

¿Hay notas o pensamientos adicionales que le gustaría escribir?

....
....
....

DÍA DE JUEGO ⚽

Fecha: / /   **Hora de inicio** :

Ubicación: ....

Partido en casa   **Juego de visitante**

Detalles del juego

.... **Vs** ....

Resultado del juego

Nuestra puntuación   Puntaje de oposición

Comentarios del entrenador

....
....
....

Mi Rendimiento   Escriba cómo sintió que contribuyó al juego. ¿El entrenador le proporcionó algún comentario personal? ¿Tuviste algo destacado? ¿Tuviste áreas de mejora?

....
....
....
....
....

FORMACIÓN

Fecha: / / **Hora de inicio** :

Hora de finalización :

Habilidades completadas

Escriba las habilidades en las que trabajó y desarrolló durante sus sesiones de entrenamiento

....
....
....
....

Habilidades para mejorar

Escriba las áreas en las que puede mejorar para su próxima sesión de entrenamiento

....
....
....
....

Entrenador / Enfoque de equipo

Escriba si su entrenador o equipo tiene una habilidad o enfoque en el juego en el que está trabajando

....
....

Notas adicionales

¿Hay notas o pensamientos adicionales que le gustaría escribir?

....
....
....

DÍA DE JUEGO

Fecha: / /   **Hora de inicio**   :

Ubicación: ....

Partido en casa   **Juego de visitante**

Detalles del juego

.... **Vs** ....

Resultado del juego

Nuestra puntuación   Puntaje de oposición

Comentarios del entrenador

....
....
....

Mi Rendimiento   Escriba cómo sintió que contribuyó al juego. ¿El entrenador le proporcionó algún comentario personal? ¿Tuviste algo destacado? ¿Tuviste áreas de mejora?

....
....
....
....
....

FORMACIÓN

Fecha: / /   **Hora de inicio** :

Hora de finalización :

Habilidades completadas
Escriba las habilidades en las que trabajó y desarrolló durante sus sesiones de entrenamiento

....
....
....
....

Habilidades para mejorar
Escriba las áreas en las que puede mejorar para su próxima sesión de entrenamiento

....
....
....
....

Entrenador / Enfoque de equipo
Escriba si su entrenador o equipo tiene una habilidad o enfoque en el juego en el que está trabajando

....
....

Notas adicionales
¿Hay notas o pensamientos adicionales que le gustaría escribir?

....
....
....

DÍA DE JUEGO ⚽

Fecha: / /   **Hora de inicio** :

Ubicación: ....

Partido en casa   **Juego de visitante**

Detalles del juego

.... **Vs** ....

Resultado del juego

Nuestra puntuación   Puntaje de oposición

Comentarios del entrenador

....
....
....

Mi Rendimiento   Escriba cómo sintió que contribuyó al juego. ¿El entrenador le proporcionó algún comentario personal? ¿Tuviste algo destacado? ¿Tuviste áreas de mejora?

....
....
....
....
....

FORMACIÓN

Fecha: /   /   Hora de inicio   :

Hora de finalización :

Habilidades completadas   Escriba las habilidades en las que trabajó y desarrolló durante sus sesiones de entrenamiento

....
....
....
....

Habilidades para mejorar   Escriba las áreas en las que puede mejorar para su próxima sesión de entrenamiento

....
....
....
....

Entrenador / Enfoque de equipo   Escriba si su entrenador o equipo tiene una habilidad o enfoque en el juego en el que está trabajando

....
....

Notas adicionales   ¿Hay notas o pensamientos adicionales que le gustaría escribir?

....
....
....

DÍA DE JUEGO

Fecha: / / **Hora de inicio** :

Ubicación: ....

Partido en casa   **Juego de visitante**

Detalles del juego

.... **Vs** ....

Resultado del juego

Nuestra puntuación   Puntaje de oposición

Comentarios del entrenador

....
....
....

Mi Rendimiento   Escriba cómo sintió que contribuyó al juego. ¿El entrenador le proporcionó algún comentario personal? ¿Tuviste algo destacado? ¿Tuviste áreas de mejora?

....
....
....
....
....

FORMACIÓN

Fecha: / /   **Hora de inicio** :

Hora de finalización :

Habilidades completadas

Escriba las habilidades en las que trabajó y desarrolló durante sus sesiones de entrenamiento

....
....
....
....

Habilidades para mejorar

Escriba las áreas en las que puede mejorar para su próxima sesión de entrenamiento

....
....
....
....

Entrenador / Enfoque de equipo

Escriba si su entrenador o equipo tiene una habilidad o enfoque en el juego en el que está trabajando

....
....

Notas adicionales

¿Hay notas o pensamientos adicionales que le gustaría escribir?

....
....
....

DÍA DE JUEGO

Fecha: / /   **Hora de inicio** :

Ubicación: ....

Partido en casa   **Juego de visitante**

Detalles del juego

.... **Vs** ....

Resultado del juego

Nuestra puntuación   Puntaje de oposición

Comentarios del entrenador

....
....
....

Mi Rendimiento Escriba cómo sintió que contribuyó al juego. ¿El entrenador le proporcionó algún comentario personal? ¿Tuviste algo destacado? ¿Tuviste áreas de mejora?

....
....
....
....
....

FORMACIÓN

Fecha: / / **Hora de inicio** :

Hora de finalización :

Habilidades completadas

Escriba las habilidades en las que trabajó y desarrolló durante sus sesiones de entrenamiento

....
....
....
....

Habilidades para mejorar

Escriba las áreas en las que puede mejorar para su próxima sesión de entrenamiento

....
....
....
....

Entrenador / Enfoque de equipo

Escriba si su entrenador o equipo tiene una habilidad o enfoque en el juego en el que está trabajando

....
....

Notas adicionales

¿Hay notas o pensamientos adicionales que le gustaría escribir?

....
....
....

DÍA DE JUEGO

Fecha: / /   **Hora de inicio** :

Ubicación: ....

Partido en casa   **Juego de visitante**

Detalles del juego

.... **Vs** ....

Resultado del juego

Nuestra puntuación   Puntaje de oposición

Comentarios del entrenador

....
....
....

Mi Rendimiento   Escriba cómo sintió que contribuyó al juego. ¿El entrenador le proporcionó algún comentario personal? ¿Tuviste algo destacado? ¿Tuviste áreas de mejora?

....
....
....
....
....

FORMACIÓN

Fecha: / /   **Hora de inicio** :

Hora de finalización :

Habilidades completadas
Escriba las habilidades en las que trabajó y desarrolló durante sus sesiones de entrenamiento

....
....
....
....

Habilidades para mejorar
Escriba las áreas en las que puede mejorar para su próxima sesión de entrenamiento

....
....
....
....

Entrenador / Enfoque de equipo
Escriba si su entrenador o equipo tiene una habilidad o enfoque en el juego en el que está trabajando

....
....

Notas adicionales
¿Hay notas o pensamientos adicionales que le gustaría escribir?

....
....
....

DÍA DE JUEGO ⚽

Fecha: / / **Hora de inicio** :

Ubicación: ....

Partido en casa   **Juego de visitante**

Detalles del juego

.... **Vs** ....

Resultado del juego

Nuestra puntuación   Puntaje de oposición

Comentarios del entrenador

....
....
....

Mi Rendimiento   Escriba cómo sintió que contribuyó al juego. ¿El entrenador le proporcionó algún comentario personal? ¿Tuviste algo destacado? ¿Tuviste áreas de mejora?

....
....
....
....
....

FORMACIÓN

Fecha: / / **Hora de inicio** :

Hora de finalización :

Habilidades completadas

Escriba las habilidades en las que trabajó y desarrolló durante sus sesiones de entrenamiento

....
....
....
....

Habilidades para mejorar

Escriba las áreas en las que puede mejorar para su próxima sesión de entrenamiento

....
....
....
....

Entrenador / Enfoque de equipo

Escriba si su entrenador o equipo tiene una habilidad o enfoque en el juego en el que está trabajando

....
....

Notas adicionales

¿Hay notas o pensamientos adicionales que le gustaría escribir?

....
....
....

DÍA DE JUEGO ⚽

Fecha: / / **Hora de inicio** :

Ubicación: ....

Partido en casa   **Juego de visitante**

Detalles del juego

.... **Vs** ....

Resultado del juego

Nuestra puntuación   Puntaje de oposición

Comentarios del entrenador

....
....
....

Mi Rendimiento   Escriba cómo sintió que contribuyó al juego. ¿El entrenador le proporcionó algún comentario personal? ¿Tuviste algo destacado? ¿Tuviste áreas de mejora?

....
....
....
....
....

FORMACIÓN

Fecha: / /   **Hora de inicio** :

Hora de finalización :

Habilidades completadas

Escriba las habilidades en las que trabajó y desarrolló durante sus sesiones de entrenamiento

....
....
....
....

Habilidades para mejorar

Escriba las áreas en las que puede mejorar para su próxima sesión de entrenamiento

....
....
....
....

Entrenador / Enfoque de equipo

Escriba si su entrenador o equipo tiene una habilidad o enfoque en el juego en el que está trabajando

....
....

Notas adicionales

¿Hay notas o pensamientos adicionales que le gustaría escribir?

....
....
....

DÍA DE JUEGO ⚽

Fecha: / /   **Hora de inicio** :

Ubicación: ....

Partido en casa   **Juego de visitante**

Detalles del juego

.... **Vs** ....

Resultado del juego

Nuestra puntuación   Puntaje de oposición

Comentarios del entrenador

....
....
....

Mi Rendimiento   Escriba cómo sintió que contribuyó al juego. ¿El entrenador le proporcionó algún comentario personal? ¿Tuviste algo destacado? ¿Tuviste áreas de mejora?

....
....
....
....
....

FORMACIÓN

Fecha: / / **Hora de inicio** :

Hora de finalización :

Habilidades completadas

Escriba las habilidades en las que trabajó y desarrolló durante sus sesiones de entrenamiento

....
....
....
....

Habilidades para mejorar

Escriba las áreas en las que puede mejorar para su próxima sesión de entrenamiento

....
....
....
....

Entrenador / Enfoque de equipo

Escriba si su entrenador o equipo tiene una habilidad o enfoque en el juego en el que está trabajando

....
....

Notas adicionales

¿Hay notas o pensamientos adicionales que le gustaría escribir?

....
....
....

DÍA DE JUEGO ⚽

Fecha: / / **Hora de inicio** :

Ubicación: ....

Partido en casa   **Juego de visitante**

Detalles del juego

.... **Vs** ....

Resultado del juego

Nuestra puntuación   Puntaje de oposición

Comentarios del entrenador

....
....
....

Mi Rendimiento   Escriba cómo sintió que contribuyó al juego. ¿El entrenador le proporcionó algún comentario personal? ¿Tuviste algo destacado? ¿Tuviste áreas de mejora?

....
....
....
....
....

FORMACIÓN

Fecha: / /   **Hora de inicio** :

Hora de finalización :

Habilidades completadas
Escriba las habilidades en las que trabajó y desarrolló durante sus sesiones de entrenamiento

....
....
....
....

Habilidades para mejorar
Escriba las áreas en las que puede mejorar para su próxima sesión de entrenamiento

....
....
....
....

Entrenador / Enfoque de equipo
Escriba si su entrenador o equipo tiene una habilidad o enfoque en el juego en el que está trabajando

....
....

Notas adicionales
¿Hay notas o pensamientos adicionales que le gustaría escribir?

....
....
....

DÍA DE JUEGO

Fecha: / /   **Hora de inicio** :

Ubicación: ....

Partido en casa   **Juego de visitante**

Detalles del juego

.... **Vs** ....

Resultado del juego

Nuestra puntuación   Puntaje de oposición

Comentarios del entrenador

....
....
....

Mi Rendimiento   Escriba cómo sintió que contribuyó al juego. ¿El entrenador le proporcionó algún comentario personal? ¿Tuviste algo destacado? ¿Tuviste áreas de mejora?

....
....
....
....
....

FORMACIÓN

Fecha: / /   **Hora de inicio** :

Hora de finalización :

Habilidades completadas
Escriba las habilidades en las que trabajó y desarrolló durante sus sesiones de entrenamiento

....
....
....
....

Habilidades para mejorar
Escriba las áreas en las que puede mejorar para su próxima sesión de entrenamiento

....
....
....
....

Entrenador / Enfoque de equipo
Escriba si su entrenador o equipo tiene una habilidad o enfoque en el juego en el que está trabajando

....
....

Notas adicionales
¿Hay notas o pensamientos adicionales que le gustaría escribir?

....
....
....

DÍA DE JUEGO ⚽

Fecha: / / **Hora de inicio** :

Ubicación: ....

Partido en casa **Juego de visitante**

Detalles del juego

.... **Vs** ....

Resultado del juego

Nuestra puntuación   Puntaje de oposición

Comentarios del entrenador

....
....
....

Mi Rendimiento Escriba cómo sintió que contribuyó al juego. ¿El entrenador le proporcionó algún comentario personal? ¿Tuviste algo destacado? ¿Tuviste áreas de mejora?

....
....
....
....
....

FORMACIÓN

Fecha: / / Hora de inicio :

Hora de finalización :

Habilidades completadas

Escriba las habilidades en las que trabajó y desarrolló durante sus sesiones de entrenamiento

....
....
....
....

Habilidades para mejorar

Escriba las áreas en las que puede mejorar para su próxima sesión de entrenamiento

....
....
....
....

Entrenador / Enfoque de equipo

Escriba si su entrenador o equipo tiene una habilidad o enfoque en el juego en el que está trabajando

....
....

Notas adicionales

¿Hay notas o pensamientos adicionales que le gustaría escribir?

....
....
....

DÍA DE JUEGO ⚽

Fecha: / /   **Hora de inicio** :

Ubicación: ....

Partido en casa ◯   **Juego de visitante** ◯

Detalles del juego

.... **Vs** ....

Resultado del juego

Nuestra puntuación   Puntaje de oposición

Comentarios del entrenador

....
....
....

Mi Rendimiento   Escriba cómo sintió que contribuyó al juego. ¿El entrenador le proporcionó algún comentario personal? ¿Tuviste algo destacado? ¿Tuviste áreas de mejora?

....
....
....
....
....

FORMACIÓN

Fecha: / / **Hora de inicio** :

Hora de finalización :

Habilidades completadas
Escriba las habilidades en las que trabajó y desarrolló durante sus sesiones de entrenamiento

....

....

....

....

Habilidades para mejorar
Escriba las áreas en las que puede mejorar para su próxima sesión de entrenamiento

....

....

....

....

Entrenador / Enfoque de equipo
Escriba si su entrenador o equipo tiene una habilidad o enfoque en el juego en el que está trabajando

....

....

Notas adicionales
¿Hay notas o pensamientos adicionales que le gustaría escribir?

....

....

....

DÍA DE JUEGO ⚽

Fecha: /   /   **Hora de inicio**   :

Ubicación: ....

Partido en casa   **Juego de visitante**

Detalles del juego

.... **Vs** ....

Resultado del juego

Nuestra puntuación   Puntaje de oposición

Comentarios del entrenador

....
....
....

Mi Rendimiento   Escriba cómo sintió que contribuyó al juego. ¿El entrenador le proporcionó algún comentario personal? ¿Tuviste algo destacado? ¿Tuviste áreas de mejora?

....
....
....
....
....

FORMACIÓN

Fecha: / /   **Hora de inicio** :

Hora de finalización :

Habilidades completadas

Escriba las habilidades en las que trabajó y desarrolló durante sus sesiones de entrenamiento

....
....
....
....

Habilidades para mejorar

Escriba las áreas en las que puede mejorar para su próxima sesión de entrenamiento

....
....
....
....

Entrenador / Enfoque de equipo

Escriba si su entrenador o equipo tiene una habilidad o enfoque en el juego en el que está trabajando

....
....

Notas adicionales

¿Hay notas o pensamientos adicionales que le gustaría escribir?

....
....
....

DÍA DE JUEGO ⚽

Fecha: / /   **Hora de inicio** :

Ubicación: ....

Partido en casa ○   **Juego de visitante** ○

Detalles del juego

.... **Vs** ....

Resultado del juego

Nuestra puntuación   Puntaje de oposición

Comentarios del entrenador

....
....
....

Mi Rendimiento   Escriba cómo sintió que contribuyó al juego. ¿El entrenador le proporcionó algún comentario personal? ¿Tuviste algo destacado? ¿Tuviste áreas de mejora?

....
....
....
....
....

FORMACIÓN

Fecha: / / **Hora de inicio** :

Hora de finalización :

Habilidades completadas
Escriba las habilidades en las que trabajó y desarrolló durante sus sesiones de entrenamiento

....
....
....
....

Habilidades para mejorar
Escriba las áreas en las que puede mejorar para su próxima sesión de entrenamiento

....
....
....
....

Entrenador / Enfoque de equipo
Escriba si su entrenador o equipo tiene una habilidad o enfoque en el juego en el que está trabajando

....
....

Notas adicionales
¿Hay notas o pensamientos adicionales que le gustaría escribir?

....
....
....

DÍA DE JUEGO ⚽

Fecha: / / **Hora de inicio** :

Ubicación: ....

Partido en casa   **Juego de visitante**

Detalles del juego

.... **Vs** ....

Resultado del juego

Nuestra puntuación   Puntaje de oposición

Comentarios del entrenador

....
....
....

Mi Rendimiento   Escriba cómo sintió que contribuyó al juego. ¿El entrenador le proporcionó algún comentario personal? ¿Tuviste algo destacado? ¿Tuviste áreas de mejora?

....
....
....
....
....

FORMACIÓN

Fecha: / / **Hora de inicio** :

Hora de finalización :

Habilidades completadas
Escriba las habilidades en las que trabajó y desarrolló durante sus sesiones de entrenamiento

....
....
....
....

Habilidades para mejorar
Escriba las áreas en las que puede mejorar para su próxima sesión de entrenamiento

....
....
....
....

Entrenador / Enfoque de equipo
Escriba si su entrenador o equipo tiene una habilidad o enfoque en el juego en el que está trabajando

....
....

Notas adicionales
¿Hay notas o pensamientos adicionales que le gustaría escribir?

....
....
....

DÍA DE JUEGO

Fecha: / /   **Hora de inicio** :

Ubicación: ....

Partido en casa   **Juego de visitante**

Detalles del juego

.... **Vs** ....

Resultado del juego

Nuestra puntuación   Puntaje de oposición

Comentarios del entrenador

....
....
....

Mi Rendimiento   Escriba cómo sintió que contribuyó al juego. ¿El entrenador le proporcionó algún comentario personal? ¿Tuviste algo destacado? ¿Tuviste áreas de mejora?

....
....
....
....
....

FORMACIÓN

Fecha: / /   **Hora de inicio** :

Hora de finalización :

Habilidades completadas
Escriba las habilidades en las que trabajó y desarrolló durante sus sesiones de entrenamiento

....
....
....
....

Habilidades para mejorar
Escriba las áreas en las que puede mejorar para su próxima sesión de entrenamiento

....
....
....
....

Entrenador / Enfoque de equipo
Escriba si su entrenador o equipo tiene una habilidad o enfoque en el juego en el que está trabajando

....
....

Notas adicionales
¿Hay notas o pensamientos adicionales que le gustaría escribir?

....
....
....

DÍA DE JUEGO ⚽

Fecha: / / **Hora de inicio** :

Ubicación: ....

Partido en casa   **Juego de visitante**

Detalles del juego

.... **Vs** ....

Resultado del juego

Nuestra puntuación   Puntaje de oposición

Comentarios del entrenador

....
....
....

Mi Rendimiento   Escriba cómo sintió que contribuyó al juego. ¿El entrenador le proporcionó algún comentario personal? ¿Tuviste algo destacado? ¿Tuviste áreas de mejora?

....
....
....
....
....

FORMACIÓN

Fecha: / /   **Hora de inicio** :

Hora de finalización :

Habilidades completadas
Escriba las habilidades en las que trabajó y desarrolló durante sus sesiones de entrenamiento

....
....
....
....

Habilidades para mejorar
Escriba las áreas en las que puede mejorar para su próxima sesión de entrenamiento

....
....
....

Entrenador / Enfoque de equipo
Escriba si su entrenador o equipo tiene una habilidad o enfoque en el juego en el que está trabajando

....
....

Notas adicionales
¿Hay notas o pensamientos adicionales que le gustaría escribir?

....
....
....

DÍA DE JUEGO

Fecha: / /   **Hora de inicio**   :

Ubicación: ....

Partido en casa   **Juego de visitante**

Detalles del juego

.... **Vs** ....

Resultado del juego

Nuestra puntuación   Puntaje de oposición

Comentarios del entrenador

....
....
....

Mi Rendimiento   Escriba cómo sintió que contribuyó al juego. ¿El entrenador le proporcionó algún comentario personal? ¿Tuviste algo destacado? ¿Tuviste áreas de mejora?

....
....
....
....
....

FORMACIÓN

Fecha: / /   **Hora de inicio**   :

Hora de finalización   :

Habilidades completadas
Escriba las habilidades en las que trabajó y desarrolló durante sus sesiones de entrenamiento

....
....
....
....

Habilidades para mejorar
Escriba las áreas en las que puede mejorar para su próxima sesión de entrenamiento

....
....
....
....

Entrenador / Enfoque de equipo
Escriba si su entrenador o equipo tiene una habilidad o enfoque en el juego en el que está trabajando

....
....

Notas adicionales
¿Hay notas o pensamientos adicionales que le gustaría escribir?

....
....
....

DÍA DE JUEGO ⚽

Fecha: /   /   **Hora de inicio**   :

Ubicación: ....

Partido en casa ◯   **Juego de visitante** ◯

Detalles del juego

.... **Vs** ....

Resultado del juego

Nuestra puntuación   Puntaje de oposición

Comentarios del entrenador

....
....
....

Mi Rendimiento   Escriba cómo sintió que contribuyó al juego. ¿El entrenador le proporcionó algún comentario personal? ¿Tuviste algo destacado? ¿Tuviste áreas de mejora?

....
....
....
....
....

FORMACIÓN

Fecha: / /   **Hora de inicio** :

Hora de finalización :

Habilidades completadas
Escriba las habilidades en las que trabajó y desarrolló durante sus sesiones de entrenamiento

....
....
....
....

Habilidades para mejorar
Escriba las áreas en las que puede mejorar para su próxima sesión de entrenamiento

....
....
....
....

Entrenador / Enfoque de equipo
Escriba si su entrenador o equipo tiene una habilidad o enfoque en el juego en el que está trabajando

....
....

Notas adicionales
¿Hay notas o pensamientos adicionales que le gustaría escribir?

....
....
....

DÍA DE JUEGO ⚽

Fecha: / /   **Hora de inicio**   :

Ubicación: ....

Partido en casa   **Juego de visitante**

Detalles del juego

.... **Vs** ....

Resultado del juego

Nuestra puntuación   Puntaje de oposición

Comentarios del entrenador

....
....
....

Mi Rendimiento   Escriba cómo sintió que contribuyó al juego. ¿El entrenador le proporcionó algún comentario personal? ¿Tuviste algo destacado? ¿Tuviste áreas de mejora?

....
....
....
....

FORMACIÓN

Fecha: / /   **Hora de inicio** :

Hora de finalización :

Habilidades completadas

Escriba las habilidades en las que trabajó y desarrolló durante sus sesiones de entrenamiento

....
....
....
....

Habilidades para mejorar

Escriba las áreas en las que puede mejorar para su próxima sesión de entrenamiento

....
....
....
....

Entrenador / Enfoque de equipo

Escriba si su entrenador o equipo tiene una habilidad o enfoque en el juego en el que está trabajando

....
....

Notas adicionales

¿Hay notas o pensamientos adicionales que le gustaría escribir?

....
....
....

DÍA DE JUEGO ⚽

Fecha: / /   **Hora de inicio** :

Ubicación: ....

Partido en casa   **Juego de visitante**

Detalles del juego

.... **Vs** ....

Resultado del juego

Nuestra puntuación   Puntaje de oposición

Comentarios del entrenador

....
....
....

Mi Rendimiento   Escriba cómo sintió que contribuyó al juego. ¿El entrenador le proporcionó algún comentario personal? ¿Tuviste algo destacado? ¿Tuviste áreas de mejora?

....
....
....
....
....

FORMACIÓN

Fecha: / /   Hora de inicio :

Hora de finalización :

Habilidades completadas
Escriba las habilidades en las que trabajó y desarrolló durante sus sesiones de entrenamiento

....
....
....
....

Habilidades para mejorar
Escriba las áreas en las que puede mejorar para su próxima sesión de entrenamiento

....
....
....
....

Entrenador / Enfoque de equipo
Escriba si su entrenador o equipo tiene una habilidad o enfoque en el juego en el que está trabajando

....
....

Notas adicionales
¿Hay notas o pensamientos adicionales que le gustaría escribir?

....
....
....

DÍA DE JUEGO ⚽

Fecha: / / **Hora de inicio** :

Ubicación: ....

Partido en casa **Juego de visitante**

Detalles del juego

.... **Vs** ....

Resultado del juego

Nuestra puntuación   Puntaje de oposición

Comentarios del entrenador

....
....
....

Mi Rendimiento

Escriba cómo sintió que contribuyó al juego. ¿El entrenador le proporcionó algún comentario personal? ¿Tuviste algo destacado? ¿Tuviste áreas de mejora?

....
....
....
....
....

FORMACIÓN

Fecha: / /   **Hora de inicio** :

Hora de finalización :

Habilidades completadas   Escriba las habilidades en las que trabajó y desarrolló durante sus sesiones de entrenamiento

....
....
....
....

Habilidades para mejorar   Escriba las áreas en las que puede mejorar para su próxima sesión de entrenamiento

....
....
....
....

Entrenador / Enfoque de equipo   Escriba si su entrenador o equipo tiene una habilidad o enfoque en el juego en el que está trabajando

....
....

Notas adicionales   ¿Hay notas o pensamientos adicionales que le gustaría escribir?

....
....
....

DÍA DE JUEGO ⚽

Fecha: / /   **Hora de inicio** :

Ubicación: ....

Partido en casa   **Juego de visitante**

Detalles del juego

.... **Vs** ....

Resultado del juego

Nuestra puntuación   Puntaje de oposición

Comentarios del entrenador

....
....
....

Mi Rendimiento   Escriba cómo sintió que contribuyó al juego. ¿El entrenador le proporcionó algún comentario personal? ¿Tuviste algo destacado? ¿Tuviste áreas de mejora?

....
....
....
....
....

FORMACIÓN

Fecha: / /   **Hora de inicio** :

Hora de finalización :

Habilidades completadas
Escriba las habilidades en las que trabajó y desarrolló durante sus sesiones de entrenamiento

....
....
....
....

Habilidades para mejorar
Escriba las áreas en las que puede mejorar para su próxima sesión de entrenamiento

....
....
....
....

Entrenador / Enfoque de equipo
Escriba si su entrenador o equipo tiene una habilidad o enfoque en el juego en el que está trabajando

....
....

Notas adicionales
¿Hay notas o pensamientos adicionales que le gustaría escribir?

....
....
....

DÍA DE JUEGO

Fecha: / /   **Hora de inicio**   :

Ubicación: ....

Partido en casa   **Juego de visitante**

Detalles del juego

.... **Vs** ....

Resultado del juego

Nuestra puntuación   Puntaje de oposición

Comentarios del entrenador

....
....
....

Mi Rendimiento   Escriba cómo sintió que contribuyó al juego. ¿El entrenador le proporcionó algún comentario personal? ¿Tuviste algo destacado? ¿Tuviste áreas de mejora?

....
....
....
....
....

FORMACIÓN

Fecha: / /　　　**Hora de inicio** :

　　　　　　　　　　Hora de finalización :

Habilidades completadas
Escriba las habilidades en las que trabajó y desarrolló durante sus sesiones de entrenamiento

....
....
....
....

Habilidades para mejorar
Escriba las áreas en las que puede mejorar para su próxima sesión de entrenamiento

....
....
....
....

Entrenador / Enfoque de equipo
Escriba si su entrenador o equipo tiene una habilidad o enfoque en el juego en el que está trabajando

....
....

Notas adicionales
¿Hay notas o pensamientos adicionales que le gustaría escribir?

....
....
....

DÍA DE JUEGO ⚽

Fecha: /   /   **Hora de inicio**   :

Ubicación: ....

Partido en casa   **Juego de visitante**

Detalles del juego

.... **Vs** ....

Resultado del juego

Nuestra puntuación   Puntaje de oposición

Comentarios del entrenador

....
....
....

Mi Rendimiento   Escriba cómo sintió que contribuyó al juego. ¿El entrenador le proporcionó algún comentario personal? ¿Tuviste algo destacado? ¿Tuviste áreas de mejora?

....
....
....
....
....

-fútbol-

03
NOTAS DE TEMPORADA

NOTAS

NOTAS

NOTAS

NOTAS

-fútbol-

04

Autógrafos y fotos

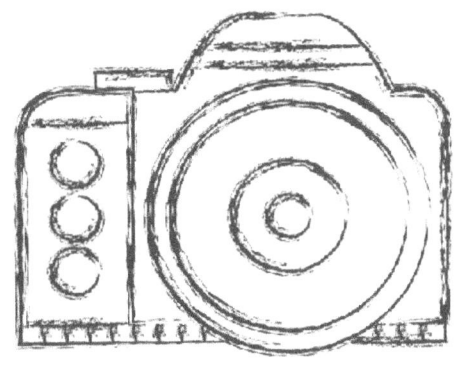

Autógrafos y fotos

Jugadores y entrenadores ... ¡y jugadores famosos!

Autógrafos y fotos

Jugadores y entrenadores ... ¡y jugadores famosos!

Autógrafos y fotos

Jugadores y entrenadores ... ¡y jugadores famosos!

Autógrafos y fotos

Jugadores y entrenadores ... ¡y jugadores famosos!

FÚTBOL

Diario

-fútbol-

www.ingramcontent.com/pod-product-compliance
Lightning Source LLC
LaVergne TN
LVHW060214080526
838202LV00052B/4272